INGRES

L'APOTHÉOSE

DE

M. INGRES

PAR

THÉOPHILE SILVESTRE

AVEC PORTRAIT

PARIS

E. DENTU, ÉDITEUR-LIBRAIRE,

GALERIE D'ORLÉANS, 13 ET 17

—

1862

L'APOTHÉOSE

DE

M. INGRES

PRÉLUDE

Depuis quelques semaines, ce n'est ni l'Exhibition de Londres, ni les batailles géantes de l'Amérique, ni l'expédition mexicaine, ni la crise commerciale, ni même la canonisation des Martyrs du Japon, qui excitent les passions parisiennes, c'est l'exposition, au boulevart des Italiens, du tableau : Le Christ au milieu des Docteurs, par M. J.-A.-D. Ingres, et le couronnement de ce Maître des Maîtres, par M. Martinet, inspecteur des fêtes publiques.

Le chef-d'œuvre, exalté par une propagande qui a le double caractère de l'enthousiasme religieux et de la fureur patriotique, n'emporte pas seulement l'admiration par des beautés jusqu'à présent inconnues ; il s'impose encore au respect, comme le décret d'un Concile ou l'ukase d'un Czar.

Pourtant, quelques intelligences séditieuses ont montré, en présence de cette peinture, la témérité de Guillaume Tell refusant de fléchir le genou devant la toque de Gessler.

Seuls, les personnages les plus puissants ont pu sans péril en dire leur pensée.

Un de mes amis, homme d'un goût délicat et difficile à surprendre, m'a conté que Le Christ au milieu des Docteurs, ne l'ayant ni enthousiasmé, ni

*réjoui, il hasarda quelques observations critiques. Un jeune prêtre du sanc-
tuaire, au lieu de le livrer aux Corybantes ingristes, se contenta, — pourquoi
cette exception ? — de lui répondre avec un fin sourire :*

*— « Jusqu'à présent, il n'y a qu'une personne qui soit de votre avis : c'est
Sa Majesté la Reine de Hollande.*

*— J'en suis fier, repartit mon ami ; mais cela est tout simple : Sa Majesté
est accoutumée à voir, dans son propre pays, d'excellente peinture. »*

*Un autre ami, qui connaît aussi les belles choses, est venu m'inviter à
prendre part avec lui à l'ivresse publique.*

*Après m'être fait prier, comme un méchant musicien, je me suis rendu à la
fête du couronnement de M. J.-A.-D. Ingres.*

*Dans cet hymne universel, — qui, parti de quelques bureaux de journal,
de quelques cafés, de quelques ateliers et de quelques maisons bourgeoises,
monte vers Lui de toutes parts, — je ne risquerai pas mon humble strophe
sans avoir d'abord essayé de récapituler cette glorieuse existence d'artiste, qui
vient de finir en Apothéose.*

T. S.

Paris, 15 juin 1862.

Histoire naturelle du génie de M. J.-A.-D. Ingres : Première, deuxième, troisième,
quatrième, cinquième, sixième, septième et dernière périodes
d'incubation. — Apothéose.

L'histoire naturelle du génie de M. J.-A.-D. Ingres se divise
en sept périodes d'incubation, peut-être moins fécondes que la-
borieuses et surprenantes.

Dans la première période (Paris, 1800-1806), on voit éclore
des produits curieux et peu viables. Ils nous rappellent ces ser-
penteaux qui, selon le préjugé populaire, sortent des œufs pon-
dus dans un fourré par quelque poule sauvage, et couvés par un
coq en colère.

Le jeune lauréat d'Académie méritait pourtant des encoura-
gements par son ambition et sa ténacité : l'anglais Flaxman,
venu en France, à la paix d'Amiens, vit son tableau d'*Achille,*

et n'hésita pas à reconnaître l'auteur pour un fils des Étrusques.
Mais David, caractère assez dur, et, de plus, endurci par la
gloire, n'en continua pas moins d'écrire à la craie sur le mur
de l'atelier cette désolante prophétie :

« Ingres, tu ne seras jamais peintre. »

DEUXIEME PÉRIODE D'INCUBATION.

(ROME, 1806-1820.)

Portrait de Madame Devauçay, qui, du propre aveu de l'auteur, est « un ouvrage serré comme un Léonard de Vinci et
suave comme un Raphaël » ;

OEdipe interrogeant le Sphinx, type tiré d'un vase, l'oreille
de travers, rehaussé de quelques exostoses, et d'une belle couleur de miel antique foncé ;

La Baigneuse assise et vue de dos, charmante *académie*, aux
pieds gonflés par la moiteur du bain ;

Jupiter et Thétis, où la sévérité du style étrusque est rempla-
cée par une gaîté communicative ;

Raphaël peignant la Fornarina. Dans sa piété pour la tradition, M. J.-A.-D. Ingres a donné à ce Raphaël la tête du Duc
d'Urbin, peinte par Raphaël lui-même (Musée Fabre, de Mont-
pellier) ; seulement il a ajouté la barbe naissante, posé le personnage en sens inverse, et remplacé la fourrure par les plis du
manteau. La tête de la Fornarina est aussi respectueusement
empruntée de Raphaël (Palais Barberini). La manche bouffante
et à crevés appartient à une autre *Belle* de Raphaël (Palais Pitti.)
Blanche dans l'original, M. J.-A.-D. Ingres l'a mise en couleur
verte, — sans en altérer la forme aucunement.

En anticipant un peu sur les périodes suivantes d'incubation
de notre immortel artiste, notons qu'il devait, trente ans après,
montrer à Poussin peut-être encore plus de fidélité. Ayant bien
voulu consentir à faire au crayon, pour l'éditeur du *Plutarque*

français, un portrait en pied de Poussin, il reproduisit le portrait du Maître des Andelys, peint par lui-même, que nous avons au Louvre ; et cela sans inversion, et sans omission du moindre pli d'étoffe. Mais l'original n'est qu'en buste, et il fallait une image en pied : M. J.-A.-D. Ingres, utilisant derechef toute la partie inférieure de son *Raphaël peignant la Fornarina*, se plut à l'adapter au buste de Poussin, qu'il venait de prendre pour pour modèle. Les cuisses, les jambes, les pieds, la draperie et l'escabeau, — quoique inversés, — font un effet charmant : Il n'y a vraiment que les peintres attentifs et les spectateurs indiscrets qui soient capables de signaler cette délicate suture.

Romulus, vainqueur d'Acron, imitation lointaine de *l'Enlèvement des Sabines*. On y voit des boucliers, des lances, des chevaux cabrés à la Phidias. La principale figure, Romulus, deviendra, quelque vingt ans après, Saint-Symphorien, en posant un peu plus de face, en levant les deux bras au lieu d'un, et en tournant les yeux vers le ciel au lieu de les fixer sur l'ennemi.

Le Songe d'Ossian, riche accumulation de boucliers, de piques, de casques, de cottes de mailles ; trophée de barbes et de chevelures ; collection variée de harpes. L'écu argenté de la lune éclaire ce sommeil fantastique du poëte affaissé sur sa lyre, au bord de la mer, et gardé par trois dogues.

Virgile lisant l'Énéide devant l'empereur Auguste et l'impératrice Livie, fut premièrement un tableau en largeur. Ici, M. J.-A.-D. Ingres voulut introduire quand même dans la peinture française toutes les beautés de la statuaire grecque. Dix-sept ans après cet essai périlleux, il fit coudre à sa toile peinte une toile vierge encore, qu'il couvrit d'un piédestal et d'une statue de Marcellus tout nu, mais armé. Plus, deux colonnes corinthiennes et une corniche à triglyphes et à raie de cœurs. Ainsi, le génie du maître, après s'être promené en large, se promenait en long. On vit en 1827, on voit encore, et la postérité verra ce chef-d'œuvre austère et pensif, gravé par Pradier avec de louables efforts, et reproduit au trait d'une façon si satisfaisante par Achille Réveil lui-même.

Mêlant de temps en temps à ses glorieuses entreprises quelques opuscules *propter vitam*, il fit paraître la *Francesca di Rimini*, que rien n'agite en ce moment suprême, entre son amant qui s'allonge sans crainte et son mari qui s'avance sans bruit ; car il est là, l'épée à la main, le Lancelot de M. J.-A.-D. Ingres, plus affreux cent fois que le valet de trèfle, lequel porte aussi le nom de Lancelot.

Tintoret, prenant la mesure de la taille de l'Arétin avec un pistolet. Tableau-allégorie où M. J.-A.-D. Ingres dit à tout critique d'art: « Imprudent écrivain, tu seras châtié de ta témérité ! »

Léonard de Vinci mourant dans les bras de François Iᵉʳ. Comme Léonard de Vinci est mort ailleurs, le tableau est un de ceux où M. J.-A.-D. Ingres a montré le plus d'invention. Avec une pareille *imaginative* les peintres coloristes représentent le *pauvre* Corrège succombant sous un sac de gros sous.

L'*Angélique* au goître (Luxembourg), victime de la fraîcheur des eaux, et sans cesse obsédée par ce monstre de liège qu'immolera bientôt, — n'ayez pas peur ! — la lance de cuivre de ce Roger de carton, monté sur cet hippogriffe empenné. L'imagination du Maître a vécu cette fois dans la sainte horreur de la réalité.

Laissons la grande *Odalisque*, si longtemps emmagasinée chez Goupil, se disloquer en s'étirant. Miroir de beauté où les vrais amis de l'art peuvent voir leurs propres traits réfléchis comme dans la glace la mieux étamée. Ces chairs, lustrées et blaireautées avec tant d'éclat et de délicatesse, ont les tons nacrés et bleuâtres des bouteilles et des lacrymatoires que le plus bel iris a colorés dans les entrailles de la terre. On dirait qu'en peignant l'*Odalisque* M. J.-A.-D. Ingres mêlait du vif-argent à ses couleurs.

Philippe V et le maréchal de Berwick, où la vérité des proportions humaines le dispute à la conception historique, puisque l'ultra-gigantesque maréchal, aux pieds du roi, crèverait les plafonds s'il se relevait. Mais il ne se relèvera pas.

Le *Saint Pierre* de M. J.-A.-D. Ingres reçoit les clefs du ciel (Musée du Luxembourg) comme le Saint Pierre de Raphaël les reçoit lui-même (Galerie d'Hampton-Court). Mais, plus humble au Luxembourg, l'apôtre est accroupi et non agenouillé.

La *Chapelle Sixtine*. Encouragement donné par le génie de M. J.-A.-D. Ingres au talent de Titien.

TROISIÈME PÉRIODE D'INCUBATION
(FLORENCE, 1820-1824.)

Portraits à la mine de plomb, délices des Anglais. M. Jules Van Praët, Ministre de la maison du Roi des Belges, a eu la bonté de m'en montrer quelques-uns, qui sont inimitables. Pourtant, je ne raffole pas de celui qui était récemment exposé chez M. Martinet, et que l'on pourrait nommer la dame à la Montgolfière. Le ballon, qui s'élève devant elle dans un beau ciel de papier blanc, semble parti du bout de son nez. En général, ces petits sujets à la mine de plomb sont les chefs-d'œuvre de M. J.-A.-D. Ingres. Il le sait lui-même si bien qu'il répondit à quelqu'un qui lui proposait de les exposer en 1855 : « Dieu m'en préserve ! On ne regarderait plus mes tableaux. »

M. J.-A.-D. Ingres exécute ces petites merveilles avec la délicatesse et la précision d'un Béhémot savant, qui débouche les bouteilles avec sa trompe et valse sur un guéridon.

M. J.-A.-D. Ingres mit trois ou quatre ans à rassembler ses documents pour le *Vœu de Louis XIII*, son tableau coup-d'État.

Il vit d'abord, dans la *Vierge au baldaquin*, de Raphaël (Galerie Pitti), les deux anges qui soulèvent les courtines. Et il fut fait ainsi.

Il vit ensuite les courtines ouvertes, dans la *Madone de Saint-Sixte* (Galerie de Dresde). Et il les trouva bonnes.

Il vit après, dans l'*Assomption*, du Titien (Galerie des Beaux-Arts, à Venise), des chérubins qui voltigent dans les nuages. Et il fut fait ainsi.

Il vit encore, pour la figure de Louis XIII (Musée du Louvre), une statue de Coysevox. Et il la trouva bonne.

Il vit enfin, dans la *Vierge au baldaquin*, déjà citée, les deux petits anges debout, qui tiennent une légende en banderolle. Et il fut fait ainsi.

Mais, pour les rendre encore plus parfaits, il chargea leurs petits bras d'une espèce de pierre lithographique, couverte de latin, ce qui fait bouder quelque peu ces angelots *de peine*.

Et le *Vœu de Louis XIII* était accompli.

QUATRIÈME PÉRIODE D'INCUBATION
(PARIS, 1824-1834).

Petit portrait du roi Charles X, étonné ; dessin brodé à la persane d'après Son Éminence le Cardinal de Latil. Quelques portraits d'amis, à l'huile : M. de Pastoret, l'auteur présumé de cette biographie laconique — « INGRES, NÉ A MONTAUBAN, MORT A PARIS ; » — M. Bertin ; M. le comte Molé.

Montrant dans le portrait de M. Bertin quelque chose de lui-même, l'incomparable artiste a fait du bourgeois cossu et corpulent une sorte de Turcaret superbe et ballonné.

Pourquoi M. Bertin se tient-il accroupi ? Pourquoi cette expression laborieuse ? Ses mains plantées dans ses cuisses font l'effet de quintuples racines qui pivotent dans une terre grasse. En quel moment pressant le peintre a-t-il fait poser son modèle ? L'attitude arcboutée de M. Armand Bertin donnerait vraiment à penser qu'il s'efforce de faire ce que la sérénité de son visage nous dit pourtant qu'il ne fait pas. Il y avait beau temps que le *Journal des Débats* était pondu.

Mais, par un contraste qui atteste sa souplesse, d'une extrémité à l'autre de l'art, M. J.-A.-D. Ingres peint M. le comte Molé, long et flexible comme un sarment.

Projet de médaille : l'*Histoire et la Poésie s'appuyant sur la Grammaire*. Le choix d'un tel sujet m'a toujours émerveillé. On personnifie la Poésie, l'Histoire et même la Géographie. Les attributs en sont connus. Mais comment personnifier la grammaire, un livre de règles ? Quels sont ses attributs ? Les écoliers n'en connaissent que deux : la férule et le bonnet d'âne.

Le premier ouvrage capital de cette quatrième période d'incubation de M. J.-A.-D. Ingres, c'est l'*Apothéose d'Homère*, où le Raphaël de Montauban a corrigé le Raphaël d'Urbin, en faisant un carré de l'admirable composition circulaire du *Parnasse* ; en remplaçant l'abondance et l'eurythmie du Sanzio par une sécheresse austère et une compilation étouffante. Le génie, c'est l'effort.

La tradition grecque est religieusement suivie de détail en détail dans l'*Apothéose d'Homère*. La figure d'Homère vient, sans la moindre altération d'un camée et de plusieurs vases antiques. Mais la Victoire qui le couronne est à la fois redressée, arrondie, et, trait d'originalité ! ces ailes blanches essorées n'ont pas été prises de quelque bas-relief ou de quelque amphore : elles furent coupées à un pigeon pattu qui appartenait à M. Marcotte, et clouées plusieurs jours sur le chevalet de M. J.-A.-D. Ingres, pour lui servir de modèle *vivant*.

Une station religieuse, s'il vous plaît, devant le *Martyre de Saint-Symphorien*, ce suprême effort à la Bertin du génie si pénible et si fier de M. J.-A.-D. Ingres, durant cette quatrième période d'incubation.

L'effervescence du Maître prend ici toutes les allures du courroux. Avec une fougue sacrée, mais effrayante, il lance son œuvre morceau par morceau sur le public, qui prend la fuite comme la flottille d'Ulysse au moment où Polyphème jette du haut de sa montagne des quartiers de rochers dans la mer bouillonnante. Ah! oui, mes enfants, le public de 1834 en eut bien peur, de ce *Martyre de Saint-Symphorien*, où les personnages sont écorchés vifs, et obligés de se tenir debout.

Toute la furie que l'illustre et malheureux Maître a mise dans cet ouvrage, sur lequel, de son propre aveu, il compte le plus pour l'immortalité, ne lui a pas un seul instant fait perdre de vue la tradition. Il avait sous les yeux la montée du Calvaire de Raphaël, surnommée *Spasimo di Sicilia*. Avant de trouver le moyen de surpasser ce chef-d'œuvre, sans cesser de s'en inspirer, que de tourments! quelles ténèbres et quelle agonie! A son agitation, entrecoupée de cris, on croyait voir un orateur révolutionnaire qui ne trouve rien, et dont le gosier s'emplirait de poussière juste au moment de haranguer la foule. M. J.-A. D. Ingres ne se décourageait pas, et son obstination vraiment touchante le poussait d'expédient en expédient. Résigné à manquer son œuvre, mais non pas à manquer son effet sur le public, il éventrait tous les portefeuilles d'estampes. De ces compilations frénétiques, des coups de tête qu'il se donnait contre les murs jaillit quelque étincelle; car sa tête a la dureté et le feu caché du silex. Mais bientôt plus d'étincelles, plus rien que l'obscurité la plus affreuse : il s'y désolait, s'y tordait. Çà et là seulement passaient et repassaient ses chats, qui, tour à tour phosphorescents et sombres

« Semblaient se conformer à sa triste pensée. »

Son cœur fendu comme une lande, à la canicule; les *noirs soucis* battant de l'aile autour de lui, comme une nuée de sauterelles, prêtes à dévorer les plaines de la Beauce; l'esprit semblable à un Sahara sans ombre, sans verdure, sans une goutte d'eau; à un désert d'amadou sous un soleil à pic : que devenir? que faire? Alors M. J.-A.-D. Ingres, dans sa noble violence et dans sa juste aigreur, leva les mains au ciel, et pria comme le pontife d'un pays calciné qui prononcerait d'une voix lamentable l'*Oraison de quarante heures*.

Un messager céleste vint lui dire à l'oreille : « Puise à la source du *Spasimo* de Raphaël ! »

Et il fut fait ainsi.

Le personnage de Raphaël, qui commande la marche, devient le proconsul de M. J.-A.-D. Ingres, qui, au lieu de le laisser à la gauche du tableau, le met au milieu, en le tournant, ainsi que le cheval, un peu plus de face. Tout en lui laissant exactement son geste, il lui ôte son bâton de commandement et le remplace par l'index tendu. Il prend ensuite le licteur de Raphaël et se contente, pour plus de sûreté, d'inverser la figure et de lui donner un faisceau de haches : cette copie est si adroite que l'on oublierait l'original, si la myologie toute particulière de M. J.-A.-D. Ingres ne suffisait pas pour le séparer de tous les maîtres.

Il exerce sur les personnages de Raphaël une fascination qui les attire dans ses propres ouvrages : mais, doué d'une faculté que Raphaël lui-même n'avait pas, il les transfigure en les prenant à son service. En fascinant, par exemple, le licteur du *Spasimo* pour son *Martyre de Saint-Symphorien*, il n'a qu'à dire : « Ici ! Et : changement de flanc ! changement de jambe ! Marche ! » Le licteur de Raphaël vient et se retourne aussitôt dans le tableau de M. J.-A.-D. Ingres ; mais il ne marche pas. C'est la même chose ; *seulement c'est bien différent*.

Avec sept à huit figures, amplement développées et liées les unes aux autres par des expressions pleines de noblesse, de liberté et d'énergie, Raphaël a fait le drame le plus clair et le plus pathétique. Pour rendre d'abord impossible toute confusion, pour conserver ensuite aux principaux personnages toute leur ampleur, toute leur dignité ; il relègue dans le lointain, et sur les hauteurs du Calvaire, la cohue qui les eût pour ainsi dire noyés de sa tumultueuse et débordante insignifiance. Un seul coup d'œil nous suffit pour embrasser la scène de Raphaël, et notre sympathie, notre piété ne sont pas détournées de l'action principale. La Sainte Vierge, dans l'angoisse, toute frémissante, les yeux mouillés de larmes, tend les bras vers son Fils, qui tombe sous le poids de la croix. Et Jésus-Christ regarde sa Mère avec cette tendresse infinie et surnaturelle que le poëte et le chrétien peuvent seuls comprendre. Les Saintes Femmes, Simon le Cyrénéen, l'apôtre Saint Jean, formant de proche en proche la famille spirituelle de Jésus-Christ, portent chacun sur leur visage comme le contre coup de la douleur divine. Et la foule ignorante et brutale, dont la seule présence trouble tous les sacrifices et avilit toutes les grandeurs, bourdonne là haut comme un essaim d'insectes, à deux pas du gibet dressé pour l'Homme-Dieu.

Dans le tableau de *Saint-Symphorien*, le martyr seul est bien en évidence. Les licteurs ne font qu'étaler leurs cuisses en poires, leurs mollets en cœur, leurs os en piques, et leurs poitrines en carreaux. Ce tas de gens inconsistants et immobiles sont rassemblés comme en un jeu de cartes ; on en tiendrait des centaines à la main.

Quelques goujats gaulois grimpent sur cette vespasienne autour de laquelle ont été surpris une quinzaine de *curieux*, qui se plaisent à contrarier la loi physique de l'impénétrabilité des corps en se mettant les uns dans les autres. De l'un, on voit un bout de nez ; de l'autre, un œil et un sourcil ; de celui-ci, le crâne ; de celui-là, le menton. Un bout de main levé, c'est le cinquième, et le sixième n'est qu'un casque. Ce museau de cheval broute une chevelure ; ces fers de lances annoncent, pour certain, des soldats. Le proconsul et les vexillaires dominent à peine ces masses aplaties contre la porte et les remparts d'Autun. Les chevaux, au moindre tressaut, écraseraient du monde : rassurez-vous ; ni gens ni bêtes ne bougeront. C'est de la peinture purement idéale, c'est-à-dire de la nature morte.

Le sentiment des rapports, des convenances dramatiques n'inquiète pas plus M. J.-A.-D. Ingres que la mesure des distances, la loi des épaisseurs ou la règle des proportions. Dans le *Martyre de Saint Symphorien*, la mère, retenue par des êtres dont on ne

voit que les nez, les cheveux et les poignets, se démène et joue
des bras en marionnette furibonde frappée à coups redoublés
par le bâton de Polichinelle sur le théâtre de Guignol. Du haut
du rempart d'Autun, elle exhorte son fils à la constance en lui
montrant la terre, et à l'espérance en lui montrant le ciel; — bi-
furcation de geste qui n'est pas sans effet — et la distance qui
la sépare de son fils paraît telle qu'il ne serait pas plus invrai-
semblable de faire consoler un condamné à mort, agenouillé
sur l'échafaud, à la place de la Roquette, par un prêtre, monté
sur une des colonnes de la barrière du Trône. La *Vie des Saints*
dit bien que la mère était sur le rempart; mais elle ne re-
commande à aucun peintre de lui donner, à cette distance, la
même taille qu'au martyr; la *Vie des Saints* n'enseigne pas la
perspective.

Aucun texte sacré, ne justifie davantage le désordre dans la
composition.

Raphaël, nous l'avons dit, rejette la foule insolente loin de la
scène principale, et ne garde autour de ses types les plus ex-
pressifs que quelques figures qui jouent à peu près le rôle du
chœur antique. M. Ingres, dans sa matérialité, ramasse la cohue,
même sans vraisemblance, et remplace la plus belle unité,
l'agencement le plus harmonieux, par la division, le morcelle-
ment, l'anarchie. Ce n'est pas un chef d'école, c'est un chef
d'émeute.

Il n'est pas à dire pourtant qu'il soit l'ennemi d'une certaine
symétrie; par exemple celle de trois portes, de trois fenêtres, de
trois colonnes ou de trois gibets placés à égale distance; et, ce
qu'il dessinerait peut-être le plus correctement, ce seraient les
lignes parallèles de l'échafaud et le triangle du couperet. Il est
à sa manière le bourreau de la forme.

CINQUIÈME PÉRIODE D'INCUBATION

ROME, 1834-1841.

Ici, M. J.-A.-D. Ingres, un moment enlevé par l'aigle de Pathmos, retomba sur les rochers. Après le *Martyre de Saint Symphorien*, il s'en alla à Rome, meurtri, concassé ; mais fier, et frappé à jamais de stérilité. La réprobation publique est quelque chose d'autrement fort que le fameux pistolet allégorique du Tintoret, tourné contre un critique d'art. On dirait qu'à partir de ce moment M. J.-A.-D. Ingres ne couve plus que des pierres, pierres précieuses, perles fines qui s'appellent : *Stratonice*, pondue à Florence ; *Cherubini* inspiré par une *Muse*, éclose vingt ans après l'inspiration, et que la servante de M. J.-A.-D. Ingres, qui rappelle celle de Molière, a fait si souvent et si vainement corriger à son maître.

Exilé à Rome pour y diriger l'école française, — avec un palais et un carrosse, — M. J.-A.-D. Ingres essaya de se consoler des ingratitudes de la France en élevant des chats de belle race, en faisant des cocottes de papier, des chariots pour les petits enfants ; quelques tirades sur l'ineptie du siècle et sur la scélératesse des écrivains. Puis il découvrit la Vénus *à la borne* ; confondit des amphores antiques et des bouteilles de vinaigrier, au milieu des ruines et des orties séculaires ; et, l'idéal de l'art et la science de l'archéologie luttant dans son esprit, il eut des crises, des fureurs, des spasmes, des lamentations dont la Ville Éternelle ne perdra jamais le souvenir. Ces caprices du génie sont déjà des Légendes.

Autorisé à tout par le zèle de ses disciples et la naïveté de ses caudataires, par les caresses du public italien et la condescendance de la presse française, son enseignement prit à la fois un caractère hiératique et un ton draconien. Son catéchisme pittoresque semble inspiré par le Saint-Esprit qui plane sur les Conciles. Les plus éminents personnages n'ont jamais été à l'abri des bulles fulminées par M. J.-A.-D. Ingres, cette papesse Jeanne de l'esthétique. Était anathème, et livré au bras séculier, le téméraire qui, par exemple, eût mis en doute ce précepte du Maître :

« DANS LE CORPS HUMAIN, LE NOMBRIL EST L'ŒIL DU TORSE. »

Qui oserait, en effet, prétendre que le torse de l'homme ou de la femme ne soit pas un Cyclope?

SIXIÈME PÉRIODE D'INCUBATION

(PARIS, 1841-1851.)

M. J.-A.-D. Ingres, rappelé de Rome par les vœux de la France et par les conseils de l'Europe, fit sa rentrée dans sa bonne ville de Paris. Ses caudataires attendris, profitant de l'absence des Lutteurs, lui disposèrent une *Cène* dans la salle de la rue Montesquieu. Iscariote en fut prudemment écarté. Ce saint repas, au lieu de précéder l'agonie et la mort du divin maître, n'était que le prélude d'une nouvelle et glorieuse vie : aussi fit-il presque aussitôt le portrait de Monseigneur le duc d'Orléans, d'une émaciation toute mystique et d'une surprenante longueur; celui de madame d'Haussonville, aux bras *empruntés*; les cartons de la chapelle Saint-Ferdinand, où tous les membres de la famille d'Orléans nous apparaissent, mis au carreau, sous les traits à peine altérés des saints, des apôtres, des vierges et des martyrs peints par les quincentistes italiens; le tableau de *Vénus Anadyomène*, qui, d'un pied carré et d'une jambe brève, s'avance doucement sur la cime des flots, en s'efforçant d'ouvrir son aisselle à la brise marine.

L'admiration finirait par nous égarer si nous parlions ici des embryons superbes abandonnés par M. J.-A.-D. Ingres tout le long des murailles du château de Dampierre. Pendant le séjour qu'il y fit, ses disciples, portant à la main des baguettes d'Augures, y précédèrent chaque jour sa promenade dans les champs, battant les buissons d'un mouvement rythmique, pour en chasser les reptiles et les monstres dont la seule vue eût offusqué les regards du Maître, qui n'aura jamais contemplé que la Beauté sereine et immuable.

Jeanne d'Arc, que suit au sacre de Reims son brave écuyer Doloy, à peu près peint sous les traits de M. J.-A.-D. Ingres, ce fidèle servant de tous les héroïsmes; *Jeanne d'Arc*, dont l'armure, qui grince comme les girouettes des monuments, par les temps orageux, rend jaloux les zingueurs de la *Vieille-Montagne*. Vitu chanta cette merveille pendant les fêtes d'Orléans.

SEPTIÈME PÉRIODE D'INCUBATION

(PARIS, 1851-1862.)

Ici, M. J.-A.-D. Ingres est la poule aux œufs d'or. Les produits réchauffés dans cette septième période d'incubation sont du pur antique. On les admire dans la maison romaine de l'Avenue Montaigne, sur le fronton d'une petite copie du Parthénon. Jupiter, noble *fac-simile* d'une peinture de Pompéï, conservée au Musée de Naples, est assis sur son trône entre deux groupes de déités. Tandis que les unes l'adorent, une autre déesse, Mnémosyne couchée, donne le jour aux Muses, qui sortent en bon ordre, — d'un style ample et majestueux. La dernière n'est en retard que d'une jambe. Seul, ce dernier trait paraît original et tout moderne.

La Source : Voir, à la fontaine des Innocents, la Nymphe de Jean Goujon qui regarde vers le haut de la rue de Rambuteau ; et, comme variantes, un minois de grisette timide et deux pieds de jeune fille, essuyés par un mouchoir de poche.

Jésus au milieu des Docteurs est un chef-d'œuvre que l'on adore à présent dans le *sacellum* de l'Exposition de M. Martinet, à côté

du *café de Bade*; une *masterpiece* gravée dans les cœurs, imprimée dans les journaux, affichée sur les portes cochères et sur les vespasiennes des boulevards, — le nom de Jésus grand comme le doigt, et celui de M. J.-A.-D. Ingres grand comme le monde.

Ce sujet, avant d'être mis à l'huile, fut lavé à l'aquarelle pour Madame la duchesse d'Orléans.

La symétrie de la composition paraît, à quelques spectateurs aveuglés, un *pont-neuf* de mise en scène classique; des esprits hargneux y trouvent la réminiscence du *Songe de Polyphile* par Le Sueur, et la reprise de quelques essais de Poussin. Mais il est certain, par exemple, qu'elle ne rappelle guère l'arrangement si simple et si doux du même sujet peint par l'Ange de Fiesole. Elle ne ressemble pas davantage à *Sainte Catherine confondant les Docteurs païens*, peinture du Masaccio, à Saint-Clément de Rome; et si elle pouvait devoir quelque chose à un ouvrage célèbre d'Overbeck, le *Triomphe de la Religion*, ce serait tout au plus la figure du Docteur de la Loi, qui est immédiatement placé à la droite de Jésus. Chez le peintre allemand, cette figure c'est Moïse. M. J.-A.-D. Ingres, après avoir daigné la trouver bonne, de pied en cap, s'est modestement borné à lui faire tenir sur les genoux un livre ouvert, au lieu de l'Arche d'alliance. Les améliorations que M. J.-A.-D. Ingres apporte à l'œuvre des maîtres, en diverses parties de son tableau, — depuis la figure d'Overbeck jusqu'aux colonnes torses, si judicieusement tirées de l'un des fameux cartons d'Hampton-Court, — nous mèneraient trop loin : nous ne tenons pas un registre à souche des brevets de perfectionnement; nous aimerions mieux faire partie d'un jury pour les récompenses nationales.

L'Évangile nous dit que Jésus avait douze ans quand il vint disputer dans le Temple avec les Docteurs de la Loi. M. J.-A.-D. Ingres, jaloux de rendre plus sensible sa divine précocité, lui a donné cinq ou six ans au plus; licence magistrale que, d'ailleurs, Michel-Ange avait prise en rajeunissant la

Sainte-Vierge. Pour ne laisser à Jésus presque rien d'humain,
M. J.-A.-D. Ingres l'assied, les jambes ballantes ; donne à ses
mains une dimension surnaturelle et un geste impossible ici-bas.
Quelques rayons de miel semblent former sa chevelure, et
l'éternel ognon *ingriste* s'arrondit en orteil.

Le Docteur placé immédiatement à la gauche de Jésus est
une figure nerveuse, contractée, tordue en S pour regarder
l'Enfant-Dieu par dessus l'épaule, en lui tournant le dos.

A droite et à gauche de Jésus, — un peu en arrière —
écoutent, non pas deux personnages, mais deux têtes à-peu-
près semblables à deux grands timbres-poste collés sur le
mur.

Le premier Docteur assis à la droite du spectateur, le front
ceint d'une bandelette d'Hercule de foire, la chevelure disposée
à la manière des femmes, pourrait s'appeler le Docteur au chi-
gnon. Ahuri à force d'écouter, il retient de la main gauche un
volume déroulé sur ses genoux ; et, levant l'index de la main
droite à la hauteur de l'œil, il rappelle, par ce geste, peut-être
plus naïf que profond, l'écolier qui demande au maître d'études
la permission de sortir pour un petit besoin.

Son voisin de droite, sorte de potiche de la Chine au ven-
tre pléthoreux, aux bras, aux mains d'enfant, et aux courtes
jambes, voudrait bien s'en aller aussi. Les traits de son visage, d'un modelé sec et disjoint, semblent rajustés à la colle
forte.

Tout près du docteur tordu en S, dont nous avons parlé, est
une espèce de croque-insectes, à chevelure en tire-bouchons, qui
ne semble mis là que pour figurer le beau idéal de sa race ma-
lingre et avide. Son geste, qui voudrait dire : « Comme c'est
profond ! » ne nous dit que ceci : « J'ai gobé la mouche. »

Dans la rangée de Docteurs, qui est à notre gauche, n'oublions pas le premier, dont le maroquin brun fait si bien valoir

les yeux et le turban, éclatants de blancheur. A sa bouche, béante d'admiration, à ses bras levés, le bon bourgeois croit voir un de ces Arabes peints pour la foire de Saint-Cloud par quelque Horace Vernet inconnu. Mais il n'oserait jamais dire cela.

Une belle figure, c'est le vieillard chagrin, les mains croisées sur son bâton. On voit aussi quelques bonnes *Têtes d'Étude* et quelques fortes *Têtes d'Expression* au fond de cette niche à poêle, cachée à mi-hauteur par un rideau vert.

La tête de Saint-Joseph, souvenir de Masaccio, est encore frappante. A côté de la Sainte-Vierge, qui tend ingénûment les bras à son Divin Fils, — comme une bonne qui exciterait un bébé chancelant à venir à elle, — s'incruste dans la colonne une tête, aux yeux pochés, dont il est difficile de trouver le porteur. Saluons malgré tout, dans la personne de M. J.-A.-D. Ingres, le Chef de ces peintres de *Chemins de Croix* dont les éditeurs du quartier Saint-Sulpice sont fiers, et que l'on a surnommés les Bon-Dieusards !

Dans l'architecture du Temple, la modestie bourgeoise se marie à la pompe académique. La salle à manger d'un rentier du Marais y tempère le luxe des Raphaël et des Jules Romain. Le fond de l'édifice, embelli de cannelures, arrondi en cul-de-four doré, et illuminé par des lampadaires, est d'une nudité glaciale, qui contraste péniblement avec la richesse de ces colonnes torses dont nous avons plus haut marqué la provenance.

N'insistons ni sur l'expression, ni sur le geste étranges de la plupart de ces personnages ; n'exigeons, dans cette œuvre idéale, ni la vraisemblance, ni la vie, ni la couleur dont le prestige uni à la justesse développerait notre sensualité, si blâmable déjà. Le grand style de M. J.-A.-D. Ingres n'est pas précisément la fête des yeux ; c'est une sublime abstraction.

Qu'importe à l'amateur pensif que, dans les deux rangées principales de Docteurs, un Docteur de trop soit venu s'asseoir après coup entre les autres! On n'étouffe pas dans un tableau comme dans un omnibus.

Qu'importe encore au spectateur d'élite qu'un autre personnage du second plan, les bras croisés dans son manteau bleu, ait l'air d'avancer entre la colonne et le fond du temple, comme un coin forcé dans le bois, et que telle figure soit mise sous presse par telle autre!

Qu'importe, après tout, que cette tête appliquée sur ce rideau vert rappelle, à pareille hauteur, un pommeau vissé sur la plus longue des cannes à la Louis XIV, et que la plupart des autres figures assises ou debout, et de si petite taille, sauf peut-être la Vierge, entraînent notre pensée vers le pays Japon!

Si, — par une habitude qui, à première vue, semblerait contrarier la marche ordinaire du génie, — le croquis de M. J.-A.-D. Ingres, d'abord charmant, est devenu une esquisse passable, dont les qualités se sont ensuite envolées du tableau;

Si, — par une compensation fatale, — il est impossible de dessiner correctement sans sécheresse; de composer noblement sans confusion; de modeler les figures avec fermeté sans les disloquer et les hacher; de les mettre en scène sans violer toutes les lois du clair obscur et de la perspective; de les peindre sobrement sans aigreur, sans crudité, et même sans couleur, — comme les figures de cire du musée de Curtius;

Si, — pour raviver l'antique, — il faut mêler aux formes des statues grecques les infirmités du modèle vivant, et greffer en quelque sorte des singes sur des Apollons, — c'est-à-dire faire du neuf qui n'est pas beau sur du beau qui n'est pas neuf;

Si, — pour être un homme de génie, — il faut absolument être ennuyeux; remplacer tous les sentiments par des recettes, et, au lieu de plaisir, donner de l'agacement : avouons que ce sont là de cruelles nécessités, et, qu'en s'y soumettant, M. J.-A.-D. Ingres aurait montré plus que de l'héroïsme;

Si M. J.-A.-Dominique Ingres, pour ne pas rompre, et,

partant, affaiblir ses couleurs, fait des rouges, des bleus, des
verts, des orangés, des blancs, sans gradation ; à ce point
qu'une visière verte ne soit pas inutile pour en affronter l'har-
monie : n'oublions pas que nous sommes depuis longtemps ré-
signés à tout cela ; qu'il y a des taches même dans le soleil, et
que la perfection absolue n'est qu'en Dieu.

Nous avons vu la triple couronne (*corona triumphalis, lau-
rea, insignis*) de papier d'or, à rubans de velours en coton, dé-
cernée à l'unanimité à M. J.-A.-D. Ingres par M. Martinet,
Inspecteur des fêtes publiques. Qu'il nous soit permis de nous
associer humblement à cette ovation, ou, pour mieux dire, à
cette Apothéose.

Ah! si nous avions à notre service les termes nobles et pom-
peux d'un Fléchier pour louer la vie du Maître et déplorer l'in-
solence de ses rivaux, l'égarement de ses contradicteurs !

Essayons néanmoins de marcher sur les traces du grand
Évêque de Nîmes avec ce trouble respectueux que M. J.-A.-D.
Ingres nous a toujours fait voir lui-même en suivant les pas
de Raphaël :

M. J.-A.-D. Ingres dont l'enthousiasme et la constance res-
semblent au culte des aïeux, à la religion du bon Canadien,
emportant dans un mouchoir les ossements de ses pères !
M. J.-A.-D. Ingres qui, voulant imiter les solitaires d'Égypte,
a toujours fui les idées de son siècle et arrosé au désert son bâton
planté dans le sable, bâton qui fleurira sans doute, mais qui
n'a pas encore fleuri !

Cet homme, qui portait la gloire française de Montauban à
Rome, de Rome à Paris, de Paris à Chandernagor, couvrait
son École du bouclier grec d'Achille ; forçait celle des romantiques avec le javelot du *Romulus* de Louis David ; donnait
aux spectateurs, aux marchands de tableaux, aux Aristar-
ques ligués contre lui des déplaisirs mortels, et réjouissait

l'Académie par ses vertus et par ses exploits, dont la mémoire doit être éternelle ; qui, après avoir brûlé sur leurs propres autels les dieux des coloristes, — Rubens, Rembrandt, Véronèse, — pour imposer silence à l'orgie des Beaux-Arts, revenait chargé des dépouilles de Phidias, des peintres primitifs d'Italie, des Étrusques, des Persans, des Chinois, de Raphaël, de Poussin et de tant d'autres maîtres illustres, qui n'ont été que ses précurseurs ;

Ce grand homme qui peignit en grisailles, dans les voussures d'un plafond du roi Charles X, les Villes de la Grèce se disputant, avec des gestes étonnants, la naissance d'Homère ; et dont *l'Apothéose d'Homère*, — moins la dispute des Villes, — semble l'autobiographie anticipée ;

Cet Olympien, qui pareil à un aigle enchaîné par la serre, se posa sur tous les chefs-d'œuvre échelonnés dans la tradition comme sur les bâtons d'un perchoir ; trouva aussi impossible à un peintre de faire le moindre tableau sans tableaux, qu'à la cuisinière bourgeoise, un civet sans lièvre ; aima le grand style comme le poisson en matelotte *aime* le vin ; et jugea que la gradation des couleurs est une débauche, la composition une émeute, le mouvement une folie, et l'expression une chimère ;

Ce Maître terrible, qui, surpassant David comme Fouquier-Tinville surpassa Mirabeau, montre encore dans son exaltation archéologique et dans son radicalisme pittoresque la dureté d'un inquisiteur et l'implacabilité d'un sectaire ;

Ce Maître ingénieux, qui comprit de bonne heure que l'on n'arrive guère à se faire une position sans *poser*, et que, même avec beaucoup de talent, on deviendrait peut-être montreur d'ours, si l'on ne se faisait montreur d'idoles ;

Ce Héros que Dieu avait mis autour de la Peinture comme un mur d'airain, où se brisèrent tant de fois toutes les forces des romantiques barbares ;

Qui, après avoir défait de toute manière de nombreux ennemis ; déconcerté par sa gloire la renommée des plus fiers et des plus habiles écrivains morts et vivants de son pays natal,

— sans excepter Lefranc de Pompignan et Paulin Limayrac —
venait de temps en temps, le plus glorieux des Français, répa-
rer avec ses mains triomphantes les bancs en ruine de son École,
et, pour les services qu'il rendait à sa Patrie, voulait d'autres
récompenses que l'honneur et la joie de l'avoir servie :

Ce demi-Dieu, poussant enfin avec un courage invincible son
dernier chef-d'œuvre, reçut le coup mortel chez M. Martinet, et
demeura comme ENSEVELI DANS SON TRIOMPHE.

Paris. — Imp. Wiesener, rue Delaborde, 11.

www.ingramcontent.com/pod-product-compliance
Ingram Content Group UK Ltd.
Pitfield, Milton Keynes, MK11 3LW, UK
UKHW022341170726
13837UKWH00005BA/2337